AF359235

CAPCHICOT

LÉGENDE & HISTOIRE

Tiré à cent exemplaires

CAPCHICOT

LÉGENDE & HISTOIRE

PAR

JULES ANDRIEU

MEMBRE DE LA SOCIÉTÉ DES SCIENCES, LETTRES ET ARTS D'AGEN

OFFICIER D'ACADÉMIE

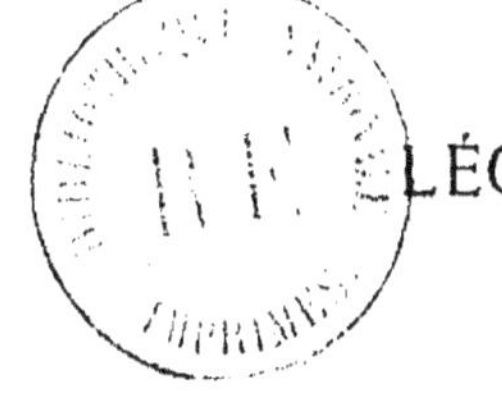

PARIS
EMILE LECHEVALIER
QUAI DES GRANDS-AUGUSTINS, 39

AGEN
J. MICHEL ET MÉDAN
RUE PONT-DE-GARONNE, 16

1885

Agen , — Imprimerie Vᵉ Lamy

CAPCHICOT.

LÉGENDE & HISTOIRE.

I

Le souvenir d'Henri IV, du *seul roi dont le peuple ait gardé la mémoire*, est resté très vivant dans nos contrées, dans l'Albret surtout, où il vécut bien des jours heureux de sa jeunesse.

Si, comme l'a dit un charmant fantaisiste,[1] la gaillardise et la bonne humeur sont de précieux instruments d'autorité, le meilleur moyen d'ascendant, il ne faut point s'étonner d'une popularité ainsi acquise.

Celui qu'on surnomma le *Diable à Quatre* sut admirablement montrer le sans-façon de l'homme d'esprit, et un poëte agenais, mort récemment, a eu raison de dire :

> « Jamais un roi pareil n'a réjoui la terre.
> Petit, grand, chacun l'aime et nul ne s'en défend ;
> S'il a gagné les cœurs, voici tout le mystère :
> Roi français, Roi gascon, il fut Roi bon enfant.[2] »

La galanterie fut son faible, son incorrigible travers, si l'on veut. Il

---

[1] Le marquis de Belloy : *Les Toqués* Paris, 1860, in-12).

[2] J.-B. Goux : *Henri IV*. — 36e sonnet, p. 75, de la *Guirlande des Marguerites* (Nérac et Bordeaux, 1876, in-8°). — *Jean-Baptiste Goux*, né à Layrac en 1822, est mort près d'Estillac en 1883.

allait par les chemins, contant fleurette à toutes, brunes ou blondes, jolies ou laides, élégantes ou communes : c'était un vrai Gaulois à l'humeur joviale et égrillarde. Les promesses, même écrites, ne lui coûtaient guère et il n'en fut jamais avare.[1]

« On ferait un calendrier, — dit Emile Gaboriau, — avec les noms de toutes les *saintes* que fêta ce dévot de la beauté.[2] »

Ses lettres d'amour ont une saveur particulière, car l'esprit et les sens avaient plus de part que le cœur dans ses incessantes et folles équipées.

Que de fredaines ! que d'histoires piquantes ! que de noms inscrits sur ses tablettes,[3] depuis *Corisandfe*, la belle comtesse de Guiches,[4] jusqu'à l'altière Henriette d'Entrague,[5] au grand scandale des Calvinistes dont les nombreux pamphlets, écrits dans la langue qui brave l'honnêteté, avaient le don de le réjouir !

La première période de la vie d'Henri IV est intimement mêlée à l'histoire de notre région.

En dehors des faits militaires et des agissements politiques, les anecdotes foisonnent. La Lande retentit longtemps du bruit des chasses du

---

[1] Voir l'*Histoire des Amours du grand Alcandre*, attribuée à la princesse de Conti, édition annotée par Lenglet-Dufresnoy, au tome IV du *Journal de Henri III*, par Pierre de l'Estoile (La Haye et Paris, 1744, in-8°). La première édition des *Amours du grand Alcandre* est de 1653, in-4°.

[2] *Les Cotillons célèbres*, t. I, p. 223 (Paris, Dentu, 1861, 2 vol. in-12).

[3] M. de Lescure en compte cinquante-six de *présentables* (*Les Amours d'Henri IV*, Paris, 1864, in-12).

[4] *Diane*, surnommée la *belle Corisandfe* (1556-1629), fille d'un cadet d'Andouins, simple officier de fortune, devint veuve à 26 ans de Philibert de Grammont, comte de Guiches et gouverneur de Bayonne, tué en 1580 au siège de La Fère.

[5] *Catherine-Henriette de Balzac d'Entragues* (1579-1633), fille de François d'Entragues, gouverneur d'Orléans, et de Marie Touchet, ancienne maîtresse de Charles IX. Elle succéda à Gabrielle d'Estrées, et Henri IV la fit marquise de Verneuil. On connaît l'histoire de la promesse écrite de mariage qu'elle avait obtenue du roi, et aussi les velléités de vengeance que lui inspira son abandon.

Meunier de Barbaste,[1] et le pays tout entier a malicieusement souri à l'écho d'aventures galantes qui eurent parfois, semble-t-il, de tragiques conséquences.

Agen garde les noms de deux gracieuses victimes : l'héroïque *Anne de Cambefort* et la désespérée *Catherine Duluc*. Nérac se souvient d'*Ayelle*, de la *Rebours*, de la belle *Fosseuse*, et surtout de *Fleurette* dont l'image apparaît poétisée dans une délicieuse légende ; ses environs lui parlent encore de la dame anonyme du château d'*Allons* et de la *Charbonnière de Capchicot*.

Je ne dirai que peu de mots sur chacune de ces amoureuses d'antan, dont la dernière seule est particulièrement visée par cette étude.

Anne de Cambefort, qu'Henri avait inutilement poursuivie, fit preuve, assure-t-on, d'une rare énergie. Un jour, pour arriver à ses fins, le prince s'avisa, pendant un bal où la jeune fille se trouvait,[2] de faire éteindre brusquement toutes les lumières. Il comptait sur l'obscurité et le désordre pour enlever Anne ; mais celle-ci, comprenant le danger, n'hésita pas à s'élancer par une fenêtre. La chute fut malheureuse et valut à l'héroïne une claudication disgracieuse pour les reste de ses jours.

Catherine Duluc, fille d'un médecin d'Agen, fut remarquée par Henri, qui employa auprès d'elle tous ses moyens de séduction et finit par triompher. On raconte que, maltraitée par ses parents, honteuse de sa faute et accablée de remords, la pauvre enfant se laissa mourir de faim.[3]

---

[1] Le *moulin* ou fort de *Barbaste*, composé de quatre tours inégales, est situé sur la rive droite de la Gélise. On croit qu'il fut construit par les Bénédictins de Condom. D'après quelques archéologues (Viollet-le-Duc, Léo Drouyn, etc.), ce monument remonterait au règne de Philippe-Auguste, tandis que M. Jules de Laffore l'attribue au XIVe siècle. Quoi qu'il en soit, le moulin étant passé aux mains de la famille d'Albret, Henri IV en hérita et se plut à signer parfois *Meunier de Barbaste*. On a souvent raconté à ce propos une anecdote relative au siège de La Fère.

[2] Ce bal aurait eu lieu dans une salle de l'ancien évêché d'Agen, situé vers l'angle sud-est du marché couvert actuel.

[3] Ces deux anecdotes, que Saint-Amans (*Histoire du département de Lot-et-Garonne*, t. I, p. 398) présente bravement comme authentiques, sont racontées

Ayelle, jeune et charmante Cypriote échappée, en 1571, au siège de son ile natale, régna bien peu de temps sur le cœur du prince volage.

Mademoiselle *Le Rebours*,[1] une des plus jolies recrues du célèbre escadron volant de Catherine de Médicis, fut *décochée* au bouillant roi de Navarre par l'astucieuse italienne. Henri, trop rusé lui-même pour donner dans ce piège, accueillit tendrement la donzelle, mais garda ses secrets.

Fosseuse était une fille de Pierre de Montmorency, marquis de Thury, etc. Son nom lui venait de la baronnie de *Fosseux* appartenant à sa famille. On sait combien fut grande pendant quelque temps l'influence de celle qu'on n'appelait que la *belle Fosseuse*. Marguerite, dans ses *Mémoires*,[2] donne sur elle de très curieux détails.

Marianne Fleurette, la mignonne jardinière de Nérac, ce frais amour d'Henri, a inspiré souvent les poètes. Une touchante tradition nous raconte la douleur inconsolable de la pauvre délaissée, son désespoir infini, sa mort volontaire dans les eaux de la fontaine témoin de son bonheur perdu, le jour où le fardeau du souvenir et des regrets lui devint trop pesant.

> « L'espoir flattait son cœur ; elle attendit en vain,
> Pensant à lui toujours ; et le printemps revint

---

parfois avec quelques variantes. Mézeray donne à l'aventure du bal un but de friponnerie bien peu admissible. Labrunie, dans son *Abrégé chronologique des Antiquités d'Agen*, attribue à Catherine Duluc l'héroïque conduite de la demoiselle de Cambefort. L'erreur de Labrunie semble précisément réfutée par une vieille chanson populaire, aujourd'hui oubliée, qui commençait ainsi :

> *Annou de Cambofort,*
> *Aquelo dansarèlo, etc.*

[1] Son père, *Guillaume Le Rebours*, président à la cour des aides, devint mettre des requêtes de la reine en 1587.
[2] Edition Ch. Caboche, p. 216 (Paris, Charpentier, 1860, in-12).

> Sans ramener l'ingrat qui l'avait oubliée.
> La malheureuse enfant en lui n'espéra plus ;
> Un soir, comme Ophélie, on la trouva noyée
> Sous les rameaux en pleurs des saules chevelus.[1] »

Il est fâcheux vraiment que l'impitoyable Histoire vienne brutalement déflorer cette gracieuse légende :

« *Fleurette, jardinière du Roy, morust le 22e aoust 1592,* » dit la *Chronique d'Isaac de Pérez.*[2]

Les amours d'Henri IV et de Fleurette remontaient sans doute aux environs de 1572. Lui avait dix-neuf ans, et Elle dix-sept. L'intéressante abandonnée vécut donc près de trente-sept ans, et on doit reconnaître que les blessures de son cœur avaient eu le temps de se cicatriser.[3]

On ne sait pas le nom, ai-je dit, de la dame du château d'*Allons* que visitait Henri IV. L'anecdote reproduite par M. de Villeneuve-Bargemont, à la page 90 de sa *Notice historique sur Nérac,*[4] anecdote que Saint-Amans[5] et Samazeuilh[6] reportent par erreur sur le château de Capchicot, est assez piquante.

---

[1] J.-B. Goux. — *Fleurette* (38e sonnet de la *Guirlande des Marguerites*).

[2] *Chronique d'Isaac de Pérez (1554-1611)*, publiée par M. A. Lesueur de Pérès et divers (Agen, imp. Lamy, 1882, grand in-8_0).

[3] Voir, sur *Fleurette*, l'ouvrage de M. l'abbé Dardy : *La Légende du jeune Henry de Navarre dans une Bastide d'Albret en 1572* (Agen, 1878, in-16). — La version de M. Dardy est un peu différente. — Ceux qui ont dit que *Fleurette* eut d'Henri IV un enfant dont descendait Dufresny ont confondu la jardinière de Nérac avec celle du château d'Anet.

[4] *Notice historique sur la ville de Nérac,* par Christophe Villenouve-Bargemont, préfet du département de Lot-et-Garonne, etc. (Agen, imp. Raymond Noubel, 1807, in-8_0 de 150 pp.).

Le comte de Villeneuve-Bargemont (1771-1829) fut sous-préfet de Nérac en 1803 et préfet de Lot-et-Garonne de 1806 à 1815, avant d'être nommé à Marseille. Son principal ouvrage est une *Statistique des Bouches-du-Rhône* (Marseille, 1821-29, 4 volumes in-4" et atlas).

[5] *Voyage agricole, botanique et pittoresque dans une partie des Landes de Lot-et-Garonne et de la Gironde,* p. 17 (Agen et Paris, 1818, in-8'). — *Jean-Florimond Boudon de Saint-Amans,* historien, botaniste, archéologue et littérateur, était né en 1748 à Agen, où il mourut en 1831.

[6] *Dictionnaire géographique, historique et archéologique de l'arrondissement*

Un soir d'orage, le prince ayant été obligé de frapper longtemps, sous la pluie, à la porte du château avant d'être entendu, promit à sa belle, — une jeune veuve, dit-on, — de pourvoir le logis d'un *avertisseur* dont le bruit réveillerait les plus endormis. Peu après, en effet, il fit placer un marteau de dimensions inusitées et de forme assez exentrique pour témoigner fort mal de la vertu de la dame. M. de Bargemont ajoute que des vieillards dignes de foi lui ont affirmé que ce marteau se voyait encore peu de temps avant la Révolution.

---

de Nérac, art. *Capchicot* (Nérac, 1862, in-24 ; nouvelle édition, par M. Faugère-Dubourg : Nérac, 1881, in-8°). — *Jean-François Samazeuilh*, avocat et historien, né à Casteljaloux en 1790, mourut à Nérac en 1875.

II

Le peu qu'on sait sur la *Charbonnière de Capchicol* fait vivement regretter l'absence de renseignements plus amples et plus précis.

Capchicol est un nom de lieu [1] qui avait été donné au XVI⁰ siècle à un pauvre charbonnier, *Etienne Saint-Vincent*, dont la modeste demeure se trouvait située en cet endroit. — Les appellations métonymiques n'étaient pas rares autrefois dans nos régions.

C'était en 1578. Henri de Navarre habitait alors Nérac et se livrait avec toute sa fougue ordinaire à la chasse du sanglier et des belles dont ses chères landes de l'Albret étaient abondamment pourvues. Ni le souvenir des terribles évènements récents, ni les préoccupations de toute sorte que la situation du moment devait inspirer n'altéraient son humeur joviale et son entrain.

Un jour, à la fin d'une longue chasse, Henri, trop éloigné de ses compagnons et surpris par la nuit, s'égara en pleine forêt... Mais je crois devoir laisser la parole à l'historien qui a le mieux raconté cette anecdote.

-----

[1] Aujourd'hui, commune d'Allons, canton de Houeillès (Lot-et-Garonne).

Voici donc le récit fait par M. de Villeneuve-Bargemont :

« Le prince, après avoir chassé toute une journée dans les forêts de Boussès et de Durance, où il avoit un château, s'égara au milieu des Landes ; et surpris seul, par une nuit obscure, il chercha long-temps un asyle où il pût manger et se reposer. Il découvrit enfin la cabane d'un charbonnier nommé *Capchicot ;* et, en entrant pour lui demander l'hospitalité, il reconnut en son hôtesse une brune piquante , avec laquelle il avoit depuis long-temps des liaisons particulières, mais que diverses circonstances rendoient très-rares. Le charbonnier ne connoissoit pas le roi ; mais, voyant en lui un chasseur égaré et qui paroissoit un assez bon convive, il le reçut avec cordialité. La femme ne fut pas sans doute moins affable, et dissimula prudemment ce qu'elle pouvoit savoir. Du pain de seigle fort noir, un fromage du pays, connu sous le nom de *Chevichou.* de très-mauvais vin : tel fut le repas qui fut servi au Roi de Navarre. Mais il étoit affamé, et à côté d'une jolie femme : aussi trouvoit-il tout excellent.

Capchicot avoit bien, dans un coin de sa cabane, une hure de sanglier, que sa compagne lui faisoit signe de présenter ; mais comme la chasse de ces animaux étoit sévèrement défendue, il craignoit de se confier à un inconnu. Enfin, vaincu par les instances de sa femme et par l'air de franchise de son hôte, il lui dit qu'il lui donneroit volontiers quelque chose de mieux, s'il pouvoit compter sur sa discrétion ; s'il promettoit, sur-tout, de ne pas le dire au *Grand-Nez* : c'était ainsi qu'il désignait Henri. Celui-ci promit tout, et fit honneur au nouveau mets.

L'heure du coucher amena un combat de politesse entre le charbonnier et son hôte. Le premier voulait céder sa cabanne et aller passer la nuit chez un voisin ; mais Henri, sous prétexte de ne pas le déranger, ne demandait qu'un réduit attenant où se trouvoit un grabat, parce que sachant que, long-temps avant l'aurore, le charbonnier iroit faire paître son bétail, suivant l'usage du pays, il se proposait de prendre sa place. Enfin on transigea : le charbonnier, qui voulut être maitre chez lui, dicta les conditions, et se retirant dans le réduit, avec sa femme, il laissa son lit au Roi, qui consentit gaiment à un arrangement qui assuroit l'exécution de ses projets.

Quelque temps après, le roi sut que Capchicot étoit venu à Nérac pour des affaires, et il l'envoya chercher. Celui-ci se crut perdu, et sa frayeur redoubla, quand il reconnut, dans son hôte, le Grand-Nez qu'il redoutait tant. Henri le régala, le remercia de l'accueil qu'il lui avoit fait, sans dire un seul mot de la hure, et lui offrit toutes les grâces qu'il désireroit. Le modeste charbonnier se contenta de demander la concession de la place du marché au charbon, avec l'exemption de tous droits à l'avenir. Ce privilège lui fut accordé ; et les charbonniers en ont joui jusqu'à nos jours.[1] »

---

[1] *Notice historique sur la ville de Nérac*, déjà citée, p. 10 à 12.

Le narrateur ajoute en note :

« Henri IV eut un fils de la Charbonnière ; et ce fut là, dit-on, l'origine de la famille *Lavaissière*, du Mas-d'Agenais, maintenant éteinte. On ajoute que *Lavaissière* était le vrai nom du charbonnier, et que Capchicot n'était qu'un sobriquet.[1] Quoi qu'il en soit, *il* est certain que cette famille fut ennoblie (sic) et comblée de biens. »

M. de Bargemont mêle ici l'erreur à la vérité. Henri de Navarre put fort bien avoir un fils de la charbonnière et les Capchicot furent réellement anoblis par lui en 1597 ; mais l'origine des Lavaissière, qui, en effet, s'allièrent plus tard aux descendants d'Etienne, est toute différente. Ce point sera largement éclairé par les documents qui vont suivre.

Quant à la légende elle-même, je ne serais pas éloigné de lui attribuer toute la vraissemblance possible. Un tel fait n'aurait assurément rien d'extraordinaire ni de bien exceptionnel dans la vie accidentée du Vert-Galant. La charbonnière était jolie, et Henri ne fut pas toujours ingrat. — Les faveurs dont il combla Saint-Vincent et sa famille ont d'ailleurs une signification éloquente : ils supposent une reconnaissance que ne suffiraient peut-être pas à expliquer les menus services rendus au chasseur par l'humble forestier.

N'est-il même pas permis de se demander si la perte irréparable des vieilles archives de Nérac, détruites en 1611 dans un incendie de l'hôtel de ville, ne nous a pas privés, en ceci encore, de renseignements précieux ?

[1] Cette erreur a été reproduite par Samazeuilh et bien d'autres. M. J. Noulens lui-même a écrit, d'après Dorgan (*Histoire politique, religieuse et littéraire des Landes.* — Auch, 1846, in-8°) : «.... Le mari, patient sujet de Sa Majesté, s'appelait Lavaissière, bien qu'il ne fût connu et désigné que sous le sobriquet de Capchicot. » (*Maisons historiques de Gascogne, Guienne, Bearn, Languedoc et Périgord*, tome I, p. 478. — Paris, Aubry et Dumoulin, 1865, g. in-8).

Le château de *Capchicol* (ou *Cachicol*) dut être construit vers 1579 par ordre d'Henri de Navarre, pour servir de rendez-vous de chasse dans cette partie des landes de l'Albret. La *Tour-Neuve,* située aux environs, était probablement domaine privé. Le prince affectionnait cette zone giboyeuse de la forêt ; il y était sans doute aussi attiré par les beaux yeux de la femme d'Etienne dont la chaumière était proche.

Ce château eut certainement d'abord une importance bien différente de celle qu'on lui connaît aujourd'hui, puisqu'il put recevoir en 1620 le maréchal de Bassompierre, qui, se rendant en Béarn, y passa avec sa suite la nuit du 11 au 12 octobre.[1] Plus tard, en avril et mai 1653, pendant les troubles de la Fronde, il servit de garnison aux cavaliers commandés par M. de Licogne.[2] C'est d'ailleurs vers ce temps que la

---

[1] V. les *Mémoires du maréchal de Bassompierre, depuis 1598 jusqu'à son entrée à la Bastille en* 1631 (Cologne, 1665 et 1692, 2 vol. in-12 ; nouvelle édition par Postel : Paris, 1856, 2 vol. in-18).

[2] V. l'*Histoire de l'Agenais, du Condomois et du Bazadais,* par Samazeuilh (Auch, 1846-47, 2 vol. in-8°,, t. II, p. 457. — Licogne était sous les ordre de M. de Saint-Micault, dans le corps d'armée commandé par M. de Saint-Germain. Le duc de Candale était alors à Marmande et Michel de Marin à Bordeaux.

première construction dut disparaître, détruite par un incendie, et on n'éleva sur ses ruines qu'une petite gentilhommière d'assez modeste apparence.

Il me paraît probable qu'Henri installa, dès le premier moment, Etienne Saint-Vincent dans le château de Capchicot, et qu'il lui en fit don peu à près. La fortune rapide du charbonnier ne peut guère avoir d'autre origine que les libéralités du prince, dont la mémoire, je le répète, ne fût certes pas restée si fidèle à de simples services cynégétiques.

Devenu roi de France en 1589, Henri garda donc un doux souvenir de la chatelaine improvisée ; il se reportait sans doute volontiers vers cette époque ensoleillée de sa vie, si pleine de promesses en tout genre, et la reconnaissance du cœur le conduisit même un jour à user d'une des plus hautes prérogatives royales en anoblissant son ancienne amie et le fils qu'il s'attribuait.

Les lettres patentes d'anoblissement d'*Etienne Saint-Vincent Capchicot* sont du 20 avril 1597 et datées de Saint-Germain. Cet important document, resté inédit, n'a même pas encore, que je sache, été sérieusement mentionné.[1] — En voici le texte :

LETTRES D'ANOBLISSEMENT EN FAVEUR D'ESTIENNE SAINT-VINCENT DE CACHICOT ET CEUX DE SA POSTÉRITÉ.

« Henry, par la grace de Dieu, roy de France et de Navarre, à tous présens et advenir, salut : Scavoir faisons que nous ayant esgard aux bons et recommandables services que nous a cy devant faictz nostre cher et bien amé, Estienne Sainct Vincens Cachicot, habitant de nostre duché d'Albret, ressort de Castelgeloux, et la despence extreme qu'il a suporté lors que nous estions en Guyenne, faisant ordinairement les assemblées de la chasse en la maison dud. Cachicot laquelle a toujours servy de reffuge et passage à nos officiers, domestiques et personnes autres que nous avons envoyez durant les troubles pour nos affaires et service en lad. province de Guyenne, et ayant esgard que aud. duché d'Albret les tailles sont réelles; nous, pour ces causes et autres considérations à ce nous mouvans et affin de luy laisser et à sa postérité quelques marques de ses mérites

---

[1] A la fin des notes de la page 252 du second volume de l'*Hstoire de l'Agenais*, *etc.*, Samazeuilh signale vaguement cette pièce, qu'il dit avoir vue.

et fruict de ses d. services, avons led. Cachicot, ses enfans et postérité, masles et femelles , nais et à naistre en loyal mariage, de nostre grace especiale, plaine puissance et autorité royale, annobly et annoblissons et du titre et qualité de noblesse décoré et décorons, voulons qu'en tous actes et endroicts, tant en jugemens que dehors, ils soient tenus, censés et réputés pour nobles et puissent porter le titre d'escuyer, user et jouyr de tous les honneurs, prérogatives, prééminances, privilèges et franchises dont jouyssent et ont accoustumé de jouyr les nobles de cestuy nostre royaulme, extraicts de noble et ancienne race, et comme telz ils puissent acquérir, tenir et posséder tous fiefs et possessions nobles de quelque qualité et nature qu'ils soint et d'iceux, ensemble de ceux qu'ils ont acquis et qui leur pourront eschoir à l'advenir, jouyr et user tout ainsi que s'ils estoint naiz et extraictz de noble et ancienne race, sans qu'ils soient tenus ou puissent estre constrains en vuyder leurs mains, ayant d'abondant aud. Cachicot et à sa postérité de nostre plus ample grace permis et octroyé, permettons et octroyons qu'ils puissent doresnavant porter en tous lieux et endroicts, ou bon leur semblera. leurs armoiries timbrées telles que leur donnons par ces présentes et qu'elles sont cy empraintes [1] et icelles eslever et mettre par toutes leurs seigneuries, tout ainsy et en la mesme forme et manière qu'ont acoustumé faire les autres nobles de nostre d. royaume, sans que pour raison de nostre présente grace ils soient teneus payer à nous et à nos successeurs roys aucune finance, de laquelle et quelque somme et valeur et estimation qu'ils soient ou puissent estre et monter, encore qu'elles ne soient ci especiffiées, nous avons audit Cachicot faict et faisons don par ces présentes signées de nostre main, à la charge de vivre noblement et de payer la somme à laquelle se pourra monter l'indemnité du lieu où il demeure, aucas toutesfois qu'il soit contribuable à nos tailles; sy donnons en mandement à noz amez et feaux conseillers, les gens tena t nostre court de parlement de Bourdeaux, trésoriers de France, généraux de nos finances et à tous nos autres subjectz et officiers, chacun en droit soy comme il appartiendra, que de nos présentes grace, anoblissement, dependances et finances et de tout le contenu cy dessus, ils facent, souffrent et laissent led. Cachicot, ses enfants et postérité nais et à naistre en loyal mariage, jouyr et user plainement, paisiblement et perpétuellement, cessant et faisant cesser tous troubles et empeschemens, au contraire lesquelles si fais, mis ou donné leur estoit, ils fairont mettre à plaine et entière délivrance, car tel est nostre plaisir, et afin que ce soit chose faicte à toujours nous avons faict mettre et aposer nostre scel à ces présentes. Donné à Sainct-Germain en Laye, le vingtième jour d'avril. l'an de grace mil cinq cens quatre vingt dix sept, et de nostre règne le huitiesme.

Ainsi signé : Henay, et plus bas sur le reply, par le Roy, *Robert*, et scellées du grand sceau de cire verte, queue pendante.[2] »

<hr>

.Ces armoiries, qui devaient figurer sur l'original des lettres patentes. n'ont pas été reproduites sur la copie dont je me sers.

Archives départementales de la Gironde. *Parlement :* Reg. B, 53, f. 4.

Étienne Saint-Vincent était évidemment préparé de longue main à ce suprême honneur. Propriétaire du château royal de Capchicot, acquéreur du manoir voisin de la Tour-Neuve, il devait jouir depuis longtemps de la considération générale, dans une contrée si profondément dévouée au roi gascon.[2] Comment donc s'expliquer le défaut d'entérinement des lettres patentes de 1597 ? était-ce indifférence ou manque de ressources ? — Quoi qu'il en soit, cette formalité indispensable et que ne pouvait guère ignorer le nouveau gentilhomme ne fut point remplie.

A la mort de l'ex-charbonnier, survenue vers 1612, ses deux fils, *Bertrand* et *Jean*, éprouvant des difficultés quant à la transmission du titre resté irrégulier, durent adresser une requête au roi pour solliciter une confirmation de noblesse. Henri IV était mort en 1610 ; mais Louis XIII, sa mère régente, accueillit favorablement la demande des deux frères, dont l'un, *Bertrand* peut-être, si la tradition est exacte , le touchait de fort près.

Les Lettres de confirmation délivrées aux fils d'Étienne sont datées de Paris, 20 juin 1613.

Je les reproduis intégralement :

LETTRES LE CONFIRMATION DE L'ANOBLISSEMENT CI-DESSUS.

« Louys par la grace de Dieu, roy de France et de Navarre, à nos amés et féaulx conseillers les gens tenans nostre cour de parlement à Bordeaux, trésoriers de France et généraux de nos finances aud. lieu et à tous nos justiciers et officiers et chascun en droit soy et comme leur appartiendra, salut : Noz chers et bien amés Bertrand et Jean de Sainct Vincens de Cachicot, nous ont humblement remonstrer et faict entendre que le feu Roy Henry le Grand, nostre tres honoré seigneur et père, que Dieu absolve, ayant esgard aux hons, fidelles et agréables services que feu Estienne de Sainct-Vincens de Cachiot, leur père, luy avoit rendus en plusieurs et diverses occasions, luy

---

[2] Samazeuilh dit que, sous Louis XIII, un Saint-Vincent (*Bertrand* sans s doute), habitant le château de la Tour-Neuve, fut nommé syndic des *Lugues* et soutint énergiquement contre Casteljaloux la querelle de ces paroisses landaises qui refusaient de payer les contributions de guerre (V. *Dictionnaire de l'Arrondissement de Nérac*, nouvelle édition, art. *Tour-Neuve*).

auroit dès le moys d'Apvril mil cinq cens quatre vingt dix sept octroyé des lettres patentes d'anoblissement de luy et sa postérité naiz et à naistre et à vous adressantes, lesquelles lors il n'auroit faict veriffier de son vivant, et craignants les dicts sieurs ses enfants, que on les leur veuille débattre et frapper de nullité à faulte de lad. verification, ils nous ont très humblement suplié et requis les pourvoir des nostres sur ce nécessaires, tant pour la confirmation d'icelles, en tant que besoin est ou seroit, que pour lad. veriffication, attandu mesmes que en conséquence des d. lettres ils ont vescu tousjours noblement et porté les armes pour nostre service en toutes les occasions qui s'en sont présentées ; A ces causes, de l'advis de la Royne régente nostre tres honorée dame et mère, et pour les mesmes considerations qui meurent nostre d. feu seigneur et père à concéder les d. lettres d'anoblissement et que nous avons bien agreables et icelles confirmées et confirmons pour avoir lieu et sortir leur plain et entier effet selon leur forme et teneur au profit des exposans ; Nous voulons et vous mandons que vous ayez à les veriffier et faire enregistrer et du contenu, faire, souffrir et laisser jouyr et user plainement et paisiblement les d. Bertrand et Jean de Sainct-Vincens de Cachiot frères et leur posterite naiz et à naistre en loyal mariage, pour leur donner d'autant plus de subject et occasion de nous continuer leurs d. services, cessant et faisant cesser tous troubles et empeschemens au contraire, nonobstant que les sus dictes lettres soient surannées et ne vous ayent esté présentées du vivant dud. feu Estienne de Saint Vincens, que ne voulons nuire ny prejudicier auxd. sieurs Bertrand et Jean, ses enfans, les en ayant relevés et dispensés, relevons et dispensons, par ces mêmes présentes. Car tel est nostre plaisir, nonobstant aussi quelconques edits et ordonnances portant revocation d'anoblissement et lettres à ce contraires auxquelz et aux desrogatoires des desrogatoires y contenus nous avons desrogé et desrogeons par ces présentes. Données à Paris, le vingt huitiesme jour de juing, l'an de grace mil six cens treize et de nostre règne le quatriesme.

« Ainsi signé, Louis, et plus bas, par le Roy, la reyne régente sa mère presente, *de Lomenie*, et scellées du grand sceau de cire jaune.[1] »

Bertrand de Capchicot eut un fils, *Guilhem*, qui, à une date inconnue, épousa *Jeanne du Castaing*[2] et mourut vers 1642, laissant une fille unique, *Isabeau de Saint-Vincent*. Sa veuve, jeune encore, se maria en secondes noces, le 18 décembre 1645, avec *François de Lavaissière*, né

---

[1] Archives départ. de la Gironde: *Parlement* : Reg. B: 53, f 7.

Je dois la découverte de ces curieux documents à un aimable et obligeant érudit, M. A. Communay, attaché à la Bibliothèque de Bordeaux.

Je renouvelle ici à M. Communay mes bien sincères remerciements.

[2] *Jeanne du Castaing*, fille de M⁺ du Castaing, procureur du roi au siège de Casteljaloux et de Jeanne de Gillet.

à La Réole vers 1600, avocat en parlement et ex-magistrat présidial en Guyenne, alors capitaine au régiment de Lusignan.[1]

De son premier mariage, contracté le 18 mai 1628 à Bordeaux avec *Luce de Galatheau*,[2] François de Lavaissière avait eu plusieurs fils. L'aîné, *Jacques de Lavaissière de Verduzan*, épousa *Isabeau*, la fille de Guilhem de Capchicot. Son mariage eut lieu également le 18 décembre 1645, c'est-à-dire en même temps que celui de son père avec la veuve de Guilhem.[3]

Telle est exactement la première alliance des *Capchicot* et des *Lavaissière*, dont la généalogie, à partir de cette date de 1645, peut être suivie dans le *Nobiliaire de Guyenne et de Gascogne*, t. I (1856), p. 403 et suivantes.

Un autre fils de François de Lavaissière trouva la mort avec ce dernier dans une circonstance qui doit être rappelée ici, car elle se rattache à l'histoire particulière dont je m'occupe :

En 1645, l'évêque de Condom ayant accordé au seigneur de Capchicot, seul fief noble de la paroisse de Saint-Christophe d'Allons. le droit de sépulture et de banc dans cette église, ce droit fut contesté par *André de Saint-Gresse,* seigneur de Cugnos et d'Allons,[4] dont le gendre

---

[1] *François de Lavaissière* (ou *Lavayssière*) était fils d'*Etienne de Lavaissière*, avocat au parlement de Bordeaux, qui succéda à *Blaise de Lavaissière*, son père, comme juge royal de La Réole.

[2] *Luce de Galatheau*, fille de Nicolas de Galatheau, sieur de Colomb, conseiller au parlement de Bordeaux et de Jeanne du Périer. Sa sœur épousa Jean de Labat, jurat de Bordeaux.

[3] La descendance de Jacques de Lavaissière aboutit à Antoine-Gabriel-Henry de Lavaissière de Verdusan, né à Bordeaux en 1838.

[4] *André de Saint-Gresse*, seigneur de Cugnos et d'Allons, était fils de Guillaume et petit-fils de Jean de Saint-Gresse, seigneur de Séridos, et de Mondette de Piis. Guillaume, qui avait épousé une héritière du fief d'Allons et s'était établi en ce lieu, eut trois fils : *André, Guillaume* et *Pierre*. Sa fille, *Madeleine de Saint-Gresse*, fut mariée à *Trajan de Piis*, et, devenue veuve, épousa en secondes noces Jean-Charles de Montesquieu, baron du Sendat (Voir le tome I, p. 476, des *Maisons historiques de Gascogne*, par J. Noulens).

La branche des seigneurs de Cugnos et d'Allons ne tarda guère d'ailleurs à disparaître.

François de Piis de Trajan,[1] était très redouté pour ses violences. Il ne fallut rien moins que l'intervention de Pierre de Caraman, chevalier du guet et vice-sénéchal d'Albret, pour permettre aux Lavaissière d'exercer le droit en question. Leurs adversaires, pleins de rage, combinèrent une affreuse vengeance. En avril 1646, François de Lavaissière, son fils et deux domestiques tombèrent sous les coups de Trajan de Piis et de ses acolytes dans l'église et dans le cimetière d'Allons.

La terreur inspirée par de Saint-Gresse et de Piis était telle qu'aucun huissier de Casteljaloux ni de La Réole ne voulut signifier et opérer la prise de corps prononcée contre eux par le parlement de Bordeaux. Les meurtriers, retranchés dans leur château d'Allons, osèrent même braver les archers. Ils furent condamnés par contumace à la peine de mort le 28 juin 1647;[2] mais le pays était alors en effervescence et les troubles civils de l'époque leur permirent d'échapper au châtiment.[3]

---

[1] Les *Pins* ou *Piis* (forme romane), issus des *Pinos* d'Espagne et des princes *de Thann-Waldbourg*, s'implantèrent en Guyenne par *Guillaume-Odon de Pins* au commencement du XIIe siècle, et y formèrent plusieurs branches (*Taillebourg*, etc., *Curton et Fortal, Ambrus,* etc.). La branche de Curton eut pour auteur *Curton de Pins,* fils de *Guillaume-Raymond de Pins* et petit-fils de *Guillaume-Odon.* La branche de Taillebourg s'allia aux d'Albret en 1361, par le mariage de *Barthélemy de Pins* avec *Talésie,* fille de Bérard d'Albret et de Géraude de Gironde (Voir l'*Histoire généalogique* du Père Anselme; l'*Histoire généalogique et héraldique des Pairs de France,* par de Courcelles, tome VII; le *Nobiliaire de Guyenne et de Gascogne,* tome II, etc.).

François de Piis de Trajan appartenait, je pense, au rameau de *Curton.* Il épousa, comme je l'ai dit, *Madeleine de Saint-Gresse,* fille de *Guillaume* et sœur d'*André* (Voir la note précédente), et laissa une fille.

Les *Trajan* se sont éteints vers le milieu du XVIIIe siècle.

[2] *Pierre de Saint-Gresse,* seigneur de Séridos, qui avait participé au guet-apens, fut atteint par la même sentence.

[3] Après l'assassinat des Lavaissière, Trajan de Piis parvint encore à reprendre du service, puisqu'il figure en 1653 comme capitaine dans l'armée de Condé. Il fut condamné à mort une seconde fois par le parlement de Bordeaux, le 30 août 1659, pour le meurtre de Jean Descuraing de Lagrange, avocat à ce parlement, et se réfugia alors au Peyré, près Villefranche du Queyran. Il fut tué peu après dans un combat entre son escorte d'estaffiers et les bourgeois de Casteljaloux qui accompagnaient le sergent royal chargé de l'arrêter. Voir les curieux détails donnés sur ces évènements par Sama-

La confiscation des biens des assassins fut obtenue par Anne du Castaing au bénéfice de son gendre, l'aîné des Lavaissière.

Du reste, l'heure était proche où le premier château de Capchicot allait disparaître. Il fut probablement détruit, ai-je dit, vers 1654, et les proportions exiguës de la nouvelle construction font supposer que les propriétaires du lieu ne songeaient plus à en faire leur demeure.

Cete notice offre bien des incertitudes sans doute, bien des lacunes ; mais les détails acquis à l'histoire, les documents que je produis aujourd'hui s'adaptent parfaitement à la légende.

A la distance de près de trois siècles, en l'absence de toute relation écrite, la vérité est par trop difficile à dégager de l'erreur ; mais il est permis d'affirmer que l'aventure de la belle Charbonnière n'offre rien d'invraisemblable. Elle reste étroitement unie aux traditions locales sur la folâtre jeunesse du roi de Navarre, et le souvenir s'en est transmis d'âge en âge dans ce beau pays d'Albret si fier de la popularité de son prince.

------

zeuilh dans la *Monographie de Casteljaloux* (Nérac, 1860, in-8°), et aussi dans la *Biographie de l'arrondissement de Nérac*, art. *Piis*, et au tome II, p. 398 de l'*Histoire de l'Agenais, du Condomois et du Bazadais*.

Le contrat de mariage de Marguerite de Piis, fille de Trajan, fut passé au château d'Allons, le 30 mars 1667.